Inhalt

Strategien gefragt - wie Unternehmen um Marktanteile kämpfen

Kernthesen

Beitrag

Fallbeispiele

Weiterführende Literatur

Impressum

Strategien gefragt - wie Unternehmen um Marktanteile kämpfen

M.Dengl

Kernthesen

- Der Marktanteil gibt allgemein Auskunft über die Stellung eines Unternehmens auf dem Markt, wobei zur Messung der Marktperformance der relative Marktanteil besser geeignet ist.
- Die Veränderung des Marktanteils ist ein wichtiger Indikator für die Behauptung des Unternehmens am Markt.
- Der Kampf um Marktanteile für Unternehmen in einer globalisierten Welt wird immer härter, neue Strategien werden entwickelt und getestet.

Beitrag

Der Marktanteil - ein wichtiger Indikator

Der Kampf um Marktanteile wird für Unternehmen in einer globalisierten Welt immer härter, neue Strategien müssen entwickelt werden. Besonders wichtig hinsichtlich der Stellung gegenüber der Konkurrenz ist die Marktperformance, die über den relativen Marktanteil gemessen wird. Dieser ergibt sich aus dem Verhältnis des eigenen Marktanteils zu dem des stärksten Konkurrenten. Ein relativer Marktanteil von mehr als 1,0 zeigt, dass das Unternehmen Marktführer ist. Der absolute Marktanteil ist dann das Verhältnis der verkauften Stückzahlen eines Produktes eines Unternehmens zur Gesamtverkaufsmenge des Marktes.

Der eigene Marktanteil ist für Unternehmen von entscheidender Bedeutung für die eigene Erfolgsstrategie. Ein hoher Bekanntheitsgrad führt meistens, aber nicht zwangsläufig zu einem hohen Marktanteil. Um ihn gegebenenfalls zu erhöhen, gibt es verschiedene Möglichkeiten wie beispielsweise eine Ausweitung von Marketing- und Werbeaktivitäten,

Preissenkungen oder auch eine Angebotserweiterung. Auch die Erschließung neuer Märkte dank einer Filialerweiterung oder einer Expansion ins Ausland kann Erfolg bringen. Doch hier sind auch externe Faktoren zu berücksichtigen. So können beispielsweise unterschiedliche gesetzliche Rahmenbedingungen in verschiedenen Ländern/Märkten den Gewinn von Marktanteilen durchaus beeinflussen. (1)

Profitabilität versus Marktanteil

Was ist wichtiger der kurzfristige Gewinn oder ein langfristig hoher Marktanteil?
Welche Strategie für ein Unternehmen die richtige ist, hängt natürlich von der Ausgangssituation des Unternehmens ab. Zentrale Zielgröße von Unternehmensstrategien ist allerdings immer das Erreichen eines bestimmten Wettbewerbsvorteils gegenüber den Mitbewerbern, um eine bestimmte Marktperformance zu erreichen. Wichtig ist dabei neben den Marktanteilszielen auch die Kostenperformance eines Unternehmens im Vergleich zum Wettbewerb zu betrachten. Erst anhand dieser Information können geeignete Maßnahmen hinsichtlich des Ergebnisbeitrags priorisiert werden, die die spezifische Unternehmenssituation im Wettbewerbsumfeld berücksichtigen. Nicht immer ist

ein reines Marktanteilsdenken oder zu sehr auf die Kosten und dabei nicht auf den Preis zu sehen, die richtige Strategie. Vielmehr muss der individuelle Nutzen für das Unternehmen vor dem Festlegen der geeigneten Strategie abgewogen werden. (1), (9), (10)

Trends

Match Point Management - Wachstum und Kosteneffizienz im Blick

Kosten- und Marktperformance gleichzeitig zu verbessern ist das Ziel des Match Point Managements. Der Match Point Index (MPI) erfasst die Markt- und Kostenperformance eines Unternehmens im Vergleich zum Wettbewerb. Auch hier wird die Marktperformance mit Hilfe des (relativen) Marktanteils gemessen. Zusätzlich wird die Kostenperformance anhand der allgemein verfügbaren SG&A-Kennzahlen gemessen. Bezugspunkt für die Berechnung des Match Point Index ist der jeweilige Branchenführer. Der Index ermittelt die Ausschöpfung des Potenz, das durch die Markt- und Kostenperformance für das betrachtete Unternehmen realisiert wird. Der MPI kann auch als

"Ausschöpfung des theoretisch möglichen Gewinns des Unternehmens" interpretiert werden. (9)

Fallbeispiele

Google setzt langfristig auf Marktanteile, Apple setzt auf Premium und Gewinn

Die Unternehmen Apple und Google konkurrieren beispielsweise mit ihren Produkten und setzen dabei auf unterschiedliche Marktanteilsstrategien. Der Smartphone-Markt ist hart umkämpft und hier hat Apple kürzlich eine Niederlage einstecken müssen. Im zweiten Quartal 2010 wurden zum ersten Mal mehr Geräte mit dem Konkurrenzbetriebssystem Android von Google als iPhones von Apple verkauft. Zum Vergleich: im Vorjahresquartal wurden noch 756 000 Google-Geräte veräußert, bereits jetzt sind es insgesamt schon 10,6 Millionen Stück. Damit hat sich Android weltweit den dritten Platz und in den USA den ersten Platz gesichert. Das Unternehmen Google möchte weiterhin wachsen und sieht für die Konkurrenz Apple nur noch einen Marktanteil von 18 Prozent voraus, während Google mit einem eigenen Marktanteil in Höhe von 25 bis 30 Prozent rechnet.

Das Unternehmen Apple hingegen, verliert seit der Einführung der dritten iPhone-Generation an Marktanteil, insgesamt sind es 20 Prozent. Die Strategie von Apple ist es, immer nur ein Modell im Angebot zu haben, das aber mit der Zeit an Attraktivität verliert. Während der Markt insgesamt um 13 Prozent gewachsen ist, hat Apple 350 000 iPhones weniger verkauft. Allerdings gehört es nicht zur Strategie von Apple, im Gegensatz zu Google, den Massenmarkt zu bedienen, sondern Apple möchte im Oberklassesegment des Marktes bleiben. Die Konsequenz der Strategie von Apple, immer nur ein Produkt auf dem Markt zum haben, ist allerdings einen Rückgang des relativen und absoluten Marktanteils. Die Konkurrenz wir Google wird immer stärker, der Markt wächst und Apple verkauft immer weniger Smartphones. Obwohl das Unternehmen profitabel ist, verliert es an Marktanteilen. Es gilt hier die richtige Balance zwischen Gewinnen und dem Ausbau des Marktanteils zu finden. (2),(3)

Fiat setzt bei Transportern auf Profitabilität vor Marktanteil

Bei der Transporter-Marke, Fiat Professional, legt der Autokonzerns Fiat im Deutschlandgeschäft dagegen besonders Wert auf die Profitabilität und achtet nicht nur weniger auf den Marktanteil. Geld zu verdienen ist ihnen wichtiger. Dafür ist das Unternehmen sogar bereit, bereits gewonnene Marktanteile wieder abzugeben, was die Zahlen bestätigen. Von Januar bis August 2010 hat Fiat Professional in Deutschland 0,4 Prozent seines Marktanteils verloren, wenngleich dieser weiterhin noch auf stabilen 11,5 Prozent liegt. (4)

Lavazza setzt auf Zukunftsmarkt Kaffeekapseln und will Marktführerschaft im Premiumsektor

Der italienische Kaffekonzern Lavazza möchte seinen Marktanteil in Deutschland zukünftig deutlich erhöhen und sogar den Marktführer Nestlé verdrängen. Dabei konzentriert sich Lavazza auf den Markt mit Kaffeekapseln und den zugehörigen Maschinen. Mit diesen Produkten dominiert bisher Nestlé unter der Marke "Nespresso" den deutschen Markt. Ziel ist es, den Deutschlandumsatz in den nächsten drei Jahren um ein Drittel steigern. Aktuell macht das italienische Unternehmen in Deutschland einen Umsatz von 100 Millionen Euro. In Italien hält Lavazza rund die Hälfte der Marktanteile. Weltweit ist der Kaffeeröster in 90 Ländern vertreten. Mit der Espresso-Maschine "A Modo Mio", die von den

Firmen Saeco und Philips produziert und mit Lavazza-Kapseln bestückt wird, möchte das Unternehmen in Deutschland Marktführer im Kaffeekapselgeschäft werden. Lavazza rechnet damit, dass in zehn bis fünfzehn Jahren die Kapseln der Standard sein werden. Bisher ist der Kaffee in Kapseln allerdings teurer wie der Espresso in Pulverform. Aber in Deutschland möchte sich Lavazza nicht im Niedrigpreissektor positionieren. Es wird keinen Espressoverkauf bei Discountern wie Lidl oder Netto geben. Auch wenn die Italiener dies im Vorfeld bereits getestet haben. Damit verschließen sich für das Unternehmen zwar 50 Prozent des deutschen Marktes, aber in Deutschland gilt Espresso im Vergleich zum normalen Filterkaffee sowieso als Premiumprodukt. (6)

Hyundai setzt auf Erweiterung der Modellpalette, um Marktanteile zu gewinnen

Der Autokonzern Hyundai möchte mit einer Neuheiten-Offensive weltweit deutlich an Marktanteilen gewinnen. In den nächsten zwei Jahren sollen hierfür über zehn neue Modelle in den Markt eingeführt werden. Ende November erscheint der Mini-Van Hyundai ix20 und das sportliche

Genesis Coupé. Dies soll unter anderem gegen den Audi A5 und das BMW 3er Coupé antreten. Im Frühjahr 2011 könnte ein weiteres kleineres Sportcoupé folgen und im Mai 2011 soll eine Limousinenversion des Genesis vorgestellt werden. Möglich wäre ab dem Jahr 2012, die Einführung eines Kompakt- Van, auf Basis des Hyundai i30. Trotz der neuen Sportlichkeit sollen die Fahrzeuge sparsamer und umweltfreundlicher werden. (7)

E-Plus setzt auf Preis und Qualität

Der Mobilfunkkonzern E-Plus ist weiterhin auf Wachstumskurs. Der mit 19,6 Millionen Kunden drittgrößte Mobilfunkanbieter Deutschlands, will seinen Marktanteil beim Mobilfunkumsatz auf über 20 Prozent erhöhen. Mit Hilfe der 1 000 Mitarbeiter, die sich in der neuen Deutschland-Zentrale in Düsseldorf eingerichtet haben, möchte das Unternehmen seine guten Quartalsergebnisse noch verbessern. E-Plus soll wachsen. Dabei setzt die Firma wie bisher auf das Flatrate- und Discount-Segment und möchte besonders mit günstigen Datenangeboten und attraktiven Smartphones Marktanteile sichern und hinzugewinnen, gleichzeitig will man aber auch qualitativ punkten. Hierfür startet E-Plus eine Netzoffensive: 2010 und 2011 sollen alle Aktivitäten im Vergleich zu den Vorjahren verdoppelt und das gleichzeitig das Datennetz beschleunigt werden. (8)

Externe Markteinflüsse beeinflussen Marktanteile der E-Books in Deutschland und USA

Der Marktanteil von E-Books in Deutschland ist im internationalen Vergleich immer noch sehr gering. Dies bestätigt in einem Interview auch der Hauptgeschäftsführer des Börsenvereins des Deutschen Buchhandels, Alexander Skipis. Er rechnet für das Jahr 2010 mit einem Umsatzanteil der E-Books von etwa einem Prozent. Herr Skipis sieht die Marktentwicklung für das E-Book in Deutschland skeptisch. Der deutsche Markt entwickelt sich wesentlich langsamer als der amerikanische. Das ist sicher auch auf das dichte Netz von Buchhandlungen in Deutschland zurückzuführen. In den USA ist das Netz bei weitem nicht so gut ausgebaut. Hier kann das E-Book seine sofortige Verfügbarkeit viel besser ausspielen und die Marktanteile sind wesentlich höher. Der geringe Marktanteil lässt sich in Deutschland aber auch mit dem höheren Mehrwertsteuersatz von 19 Prozent für E-Books erklären. Für das gedruckte Buch gilt ein Mehrwertsteuersatz von nur 7 Prozent. Zudem hält die deutsche Buchpreisbindung auch für E-Books die Preise hoch. Derartige Marktbarrieren beeinflussen damit durchaus die spezifische Entwicklung der Marktanteile.(5)

Weiterführende Literatur

(1) Stellschrauben des Erfolgs (Teil 2) Marktanteile sichern und steigern
aus Der Augenoptiker, Heft 10, 2010, S. 28

(2) Im mobilen Internet schlägt die Stunde der Strategen
aus Frankfurter Allgemeine Zeitung, 17.08.2010, Nr. 189, S. 17

(3) Android-Handys setzen Marktführern zu Nokia und RIM verlieren Anteile - Apple rückt auf Rang 2 vor - HTC und Samsung vervielfachen ihren Absatz
aus Börsen-Zeitung, 06.11.2010, Nummer 215, Seite 10

(4) Fiat stellt Profitabilität über Marktanteil
aus Börsen-Zeitung, 23.09.2010, Nummer 183, Seite 13

(5) E-Books in Deutschland: "Marktanteil bescheiden"
aus Handelsblatt Nr. 193 vom 06.10.2010 Seite 28

(6) Konkurrenz für Nestlé Lavazza greift in Deutschland an
aus HANDELSBLATT online 31.10.2010 10:00:27

(7) Neuheiten-Offensive aus Korea Mit einer Neuheiten-Offensive will Hyundai seinen weltweiten Marktanteil deutlich erhöhen. In der nächsten zwei Jahren sollen dafür über zehn neue Modelle auf den Markt kommen, darunter der Genesis als Coupé und als Limousine.
aus MOTOR-INFORMATIONS-DIENST vom 13.Oktober 2010

(8) E-Plus Gruppe auf Wachstumskurs im neuen Headquarter Der mit 19,6 Millionen Kunden drittgrößte Mobilfunker Deutschlands will seinen Marktanteil beim Mobilfunkumsatz auf über 20 Prozent erhöhen
aus Börsen-Zeitung, 14.09.2010, Nummer 176, Seite B10

(9) Match Point Management – Gleichzeitig Kosten- und Marktperformance verbessern
aus Marketing Review St. Gallen, Heft 2010/01, S. 48-53

(10) Deutschen Unternehmen fehlt die Gewinnorientierung Die Thesen zu Gewinnmaximierung und Shareholder Value sorgten bei der Jubiläumskonferenz von Simon-Kucher & Partners für Zündstoff bei den 754 Teilnehmern. Unter dem Titel "Gewinn was sonst?!" hatte das Beratungsunter-nehmen anlässlich seines 25-jährigen Bestehens nach Frankfurt am Main geladen. Die Thesen zu Gewinnmaximierung und Shareholder

Value sorgten bei der Jubiläumskonferenz von Simon-Kucher & Partners für Zündstoff bei den 754 Teilnehmern. Unter dem Titel Gewinn was sonst?! hatte das Beratungsunter-nehmen anlässlich seines 25-jährigen Bestehens nach Frankfurt am Main geladen.
aus MM MaschinenMarkt Nr. 038 vom 20.09.2010
Seite 016

Impressum

Strategien gefragt - wie Unternehmen um Marktanteile kämpfen

Bibliografische Information der deutschen Nationalbibliothek

Die Deutsche Nationalbibliothek verzeichnet diese Publikation in der deutschen Nationalbibliografie; detaillierte bibliografische Daten sind im Internet über http://dnb.d-nb.de abrufbar.

ISBN: 978-3-7379-1269-3

© 2015 GBI-Genios Deutsche Wirtschaftsdatenbank GmbH, Freischützstraße 96, 81927 München, www.genios.de

Alle Rechte vorbehalten. Dieses Werk ist einschließlich aller seiner Teile – z.B. Texte, Tabellen und Grafiken - urheberrechtlich geschützt. Jede Verwertung außerhalb der Grenzen des Urheberrechtsgesetzes bedarf der vorherigen Zustimmung des Verlags. Dies gilt insbesondere auch für auszugsweise Nachdrucke, fotomechanische

Vervielfältigungen (Fotokopie/Mikroskopie), Übersetzungen, Auswertungen durch Datenbanken oder ähnliche Einrichtungen und die Einspeicherung und Verarbeitung in elektronischen Systemen.